Entdecke die Tiersprache

Nicole Koch-Steiner

Entdecke die Tiersprache

Anleitung zur Tierkommunikation

Nicole Koch-Steiner

2. Auflage

©2010 Nicole Koch-Steiner

www.tierwuensche.ch

Herstellung und Verlag: Books on Demand
GmbH, Norderstedt

ISBN: 978-3-8391-6573-7

Inhalt

Über mich

Mein Name ist Nicole Koch-Steiner und bin im Jahre 1976 geboren.

Ich habe bei einer Versicherung meine Bürolehre abgeschlossen und danach bei der Versicherung weitergearbeitet. Dann absolvierte ich eine Zusatzlehre als Fotofachangestellte im elterlichen Betrieb. Ich wechselte die Arbeit vom Fotogeschäft zur Versicherung und wieder zurück. Ich merkte, dass mir einfach etwas fehlte.

Im Jahre 2001 habe ich meinen Mann Rolf geheiratet und bekam unsere erste Tochter Sandra und 2004 folgte unsere zweite Tochter Nadja.

Nach der Reikiausbildung absolvierte ich noch die Ausbildung zur Lebens-Energie Beraterin für Tiere (sensitive Radionik). Meine Ausbildung zur Tierkommunikatorin fing ich 2005 an und habe sie 2008 abgeschlossen. Jedoch hat man bei der Tierkommunikation nie ausgelernt. Ich sehe die Tierkommunikation als meine Berufung. Seit ich mich mit Tieren in dieser

Form befasse hat sich mein Leben stark verändert. Auch das, was mir früher das Gefühl gab nicht vollkommen zu sein, habe ich nicht mehr. Diese Arbeit und meine Familie füllen mein Leben voll aus. Ich kann sagen, dass die Tierkommunikation mein Leben zum Positiven verändert hat.

Was ist telepathische Kommunikation

Alle Lebewesen werden mit dieser Fähigkeit geboren. Bevor wir lernen uns verbal zu verständigen, teilen wir uns nebst der Körpersprache telepathisch mit. Sobald Kinder lernen zu sprechen wird die Fähigkeit mittels Gedanken zu sprechen unterdrückt. Die Eltern können auch meist mit der telepathischen Fähigkeit ihres Kindes nicht umgehen. Ich erinnere mich als Nadja's Kindergärtnerin mir beim Elterngespräch erwähnte, dass meine Tochter sehr ruhig wäre und nicht viel sagen würde. Somit musste ich ihr erklären dass ich telepathisch mit Tieren spreche und dies auch mit Menschen funktioniert. Dann fragte ich sie, ob sie schon mal beobachtet hat, dass Nadja sie zuerst lange anschaut bevor sie sich verbal äussert. Nach kurzem Überlegen war der Kindergartenlehrerin alles klar. Da ich grossen Wert darauf lege, dass meine Kinder diese Fähigkeit behalten, spricht

Nadja mit mir sehr oft auf dem telepathischen Weg. Also versuchte sie im Kindergarten auch so mit der Lehrerin zu sprechen, jedoch ohne Erfolg. Und genau so geht die Telepathie verloren. Denn wenn man telepathisch nicht gehört wird versucht man einen anderen Weg um gehört zu werden, in diesem Fall also verbal. (Natürlich ist mir klar, dass ich das von der Kindergartenlehrerin nicht erwarten kann und auch dass sich allgemein die Menschen telepathisch mitteilen.) Wiederum machen wir das jeden Tag mehrmals unbewusst. Denn wenn wir zum Beispiel einer Freundin von unseren Ferien erzählen, senden wir unbewusst ein Bild wie es dort aussah und die Gefühle die wir in diesem Moment hatten. Manchmal kann man sogar das Meer riechen oder den Wellengang hören wenn jemand von den Ferien erzählt.

Telepathie heisst Gedanken anderer wahrzunehmen. Das heisst aber nicht, dass ich jetzt alle ihre Gedanken hören kann.

Die Telepathie ist eine Verknüpfung, ein direkter Zugang zu der Seele aller Wesen. Es ist eine geistige Verständigung, die ohne den Kopf einzuschalten funktioniert. Man weiss dann was der Andere gerade denkt, fühlt und erlebt.

Welche Angaben brauche ich

Foto: Das Foto dient dazu, dass man sich das Tier vorstellen und es erkennen kann. Man muss wissen mit wem man in Kontakt treten möchte.

Name: Der Name benötigt man, damit das Tier namentlich angesprochen und/oder gerufen werden kann.

Alter: Das Alter ist besonders bei Gesundheitsfragen wichtig. Man kann dann die Gefühle/Schmerzen besser einteilen.

Geschlecht: Das Geschlecht kann von Vorteil sein, um hormonelle Zustände einzuordnen wie z.B. die Rolligkeit der Kätzin.

Lebensumstände: Die Lebensumstände können uns bei einigen Antworten weiterhelfen um die Gefühle oder Bilder richtig zu übersetzen.

All diese Angaben zusammen geben eine sogenannte "Telefonnummer". Man weiss mit welchem Tier man es zu tun hat und kann diese "Nummer" einstellen. Wenn ein Teil dieser Angaben fehlt, ist das Risiko sehr gross, dass sich ein falsches Tier meldet. Wie bei einer Telefonnummer wo einige Zahlen fehlen.

Möglichkeiten und Grenzen

Mit der Tierkommunikation kann man
wahrnehmen wie sich ein Tier fühlt, was
es sich wünscht oder man kann Fragen
stellen. Man erhält einen Einblick in die
Gefühle, Gedanken und Wünsche eines
Tieres. Es gibt einem die Chance einander
besser zu verstehen, Missverständnisse zu
klären und das tägliche Zusammenleben zu
verbessern.

Ein Tierkommunikator/in sollte jedoch
keine Diagnose stellen und ersetzt nie den
Tierarzt. Man kann aber zwischen Tier und
Mensch/Tierarzt vermitteln, um so
vielleicht eine Krankheit zu entdecken.
Ebenso ersetzt die Tierkommunikation nie
die Erziehung des Tieres.

Kein Wesen kann zu etwas gezwungen
oder manipuliert werden. Jeder hat einen
freien Willen.

Kommunikationsebenen

Inneres Sehen = Am Anfang ist es besser die Augen zu schliessen. Du kannst dann zum Beispiel das Tier auf dich zukommen sehen oder siehst durch die Augen des Tieres. Du siehst mit deinem dritten Auge. Dies nennt man auch visuelle Wahrnehmungen. Du kannst zu den Bildern auch Gefühle erhalten, die das Bild abrunden. Du kannst auch eine Art Film erhalten oder um einen Film bitten, wenn dir das Bild nichts sagt.

Inneres Fühlen = Du spürst den Schmerz, Befinden oder Gemütszustand des Tieres an und in deinem Körper. So kannst du die Befindlichkeit erkennen und spüren, wie es dem Tier geht.
z.B. Du bekommst auf einmal Bauchschmerzen und hast starken Hunger. Wenn du die Kommunikation abbrichst geht es dir wieder gut, dann sind es die körperlichen Empfindungen des Tieres die du wahrgenommen hast.

Inneres Hören = Du kannst Wörter hören oder sogar einen Dialog aufschreiben was dir das Tier übermittelt. Du hörst es nicht von aussen, sondern von innen. Es scheint beinahe wie deine Gedanken zu sein. Du kannst die Gedanken, Worte, Sätze, Töne und Stimmen hören.

Inneres Wissen = Du weisst es einfach wie etwas ist, kannst aber nicht erklären woher du dies weisst. Es ist dein Bauchgefühl (Intuition). Vertraue darauf.

Übungen

Um deine Sinne etwas zu schulen kannst du verschiedene Übungen machen. Hier einige Vorschläge:

Briefe erspüren

Wenn du Post bekommst und nicht weisst von wem dieser Brief ist, versuche mal in den Brief hinein zu spüren. Ist eine erfreuliche oder traurige Nachricht drin? Kenne ich diese Person oder ist einfach nur Werbung drin?
Du kannst auch versuchen zu erspüren ob der Postbote bereits Briefe in deinen Briefkasten gelegt hat!

Um die Ecke sehen

Wenn du einkaufen gehst, kannst du versuchen mental um die Ecke zu sehen. Du bleibst also stehen vor der Abbiegung und versuchst mit dem inneren Auge zu erkennen ob es zum Beispiel viele Leute hat? Ob jemand vor diesem Geschäft steht? Was für Kleiderständer vor dem Geschäft steht? usw.

Telefonquiz

Wenn das Telefon klingelt, versuche vorher zu spüren wer dich anruft. Mit der Zeit findet man sogar, dass es anders klingelt wenn diese oder jene Person anruft.
Oder wenn es an der Haustür klingelt kann man spüren wer da ist.

"Hallo" senden

Wenn du an einem Tier vorbei läufst, kannst du versuchen dem Tier ein "Hallo" zu senden. Lass das freundliche "Hallo" von deinem Herzen zum Herzen des Tieres fliegen. Es kann sein, dass sich das Tier umdreht und dich anschaut oder sogar ein "Hallo" zurück sendet.

Einkaufskasse

Versuche zu erspüren welche die schnellste Kasse beim Einkaufen ist. Wo geht es am Schnellsten und welche Kassiererin scheint Spass an der Arbeit zu haben? Schliesse dafür die Augen, um dich nicht von Äusserem abzulenken, denn nur weil eine Kassiererin lacht, heisst das noch lange nicht ,dass sie Spass dabei hat.

Sich selbst beobachten

Frage dich öfters mal weshalb du gerade Dies oder Jenes machst.

Z.B. Weshalb fütterst du schon um diese Uhrzeit deine Katze? Wäre doch erst in einer Stunde Zeit! Dann hat dich deine Katze gerufen.
Weshalb rufst du jetzt diese Person an? Denkt womöglich diese Person gerade an dich?

Meine Mutter hat mich eines Tages darauf aufmerksam gemacht, dass ich ohne Aufforderung meiner Tochter öfters das Trinkglas auffülle. Ich selbst merkte das nicht einmal. Jedesmal wenn meine Tochter Durst hatte und das Glas leer war, rief sie mich telepathisch zu sich um ihr Glas aufzufüllen.

Du wirst bei diesen Übungen herausfinden wo deine Stärken und Schwächen liegen. Denn der Eine bekommt eher Worte, der Andere Gefühle oder Bilder.

Regeln und Voraussetzungen

Als Erstes muss man den Gedanken loslassen, Tiere seien weniger intelligent als wir. Nur weil sie nicht das gleiche Verhalten wie wir Menschen haben sind sie nicht minderwertig. Das Verhalten der Tiere richtet sich nach deren Erfahrungen, Körperbeschaffenheit und Umfeldes.

Um die Tiere richtig zu verstehen, muss man seine angelernten Glaubensätze und Verhaltensmuster ablegen. Jedes Wesen ist ein Individium und hat eigene Bedürfnisse und Vorstellungen. Nicht jeder Hund braucht gleich viel Bewegung oder Kopfarbeit. Nicht jedes Pferd hat die gleichen Wünsche und Vorstellungen von einem optimalen Stall. Nicht jede Katze sieht sich als Schmusekatze oder möchte Mäuse fangen. Nicht jedes eingesperrte Tier fühlt sich eingesperrt. Man muss ganz neutral und ohne Vorurteile an eine Kommunikation heran treten.

- Wir respektieren und achten Tiere
- Wir glauben an unsere Fähigkeit mit Tieren sprechen zu können
- Wir hören gut zu
- Wir haben keine Vorurteile und richten nicht
- Wir halten unsere eigenen Gefühle zurück (z.B. Wut, Angst, Trauer, Stress)
- Wir erzwingen keine Kommunikation
- Wir lassen die Kommunikation einfach zu, ob in Bildern, Gefühlen, Eindrücken, Gedanken, verbalen Mitteilungen, Gerüchen, Klängen oder einfach Wissen
- Wir akzeptieren die Antworten des Tieres
- Wir respektieren die Bedürfnisse des Tieres
- Wir drohen nicht
- Wir machen keine Versprechungen die wir nicht halten können
- Wir fragen nicht was wir nicht ändern können/wollen (Wenn wir keine weiteren Tiere möchten oder dürfen, fragen wir nicht "willst du ein Gspändli?!")
- Wir nehmen das Gespräch ernst

Unser Ziel

- das Tier besser zu verstehen
- sein Verhalten zu verstehen
- Missverständnisse zu klären
- Probleme zu lösen
- Empfindungen zu erkennen
- Schmerzen zu erfahren
- Wünsche zu erfahren
- Gefühle des Tieres mitgeteilt zu bekommen

Nach mehreren Regentagen hat sich mein Kater Tobi frisches Gras gewünscht. Also besorgte ich frisches Gras und legte es in eine Kiste. Wunsch erfüllt!

Schritt für Schritt

Mit Tieren zu sprechen ist am Anfang nicht immer so einfach. Vor allem wenn man das Tier sehr gut kennt, hat man schnell das Gefühl sich die Antworten eingebildet zu haben. So empfehle ich, dass man zuerst mit Bäumen, Pflanzen, Wildtieren oder Gemüse und Obst übt. Du denkst jetzt bestimmt, dass das nicht besonders spannend ist. Das stimmt überhaupt nicht. Mit dem Einen oder Anderem hat man eine bessere Verbindung und kann viel besser verstehen. Ich persönlich verstehe den Baum sehr gut, wir haben einen sehr guten Draht zueinander. Wenn ich Kummer oder Probleme habe, hole ich mir meist Rat bei einem Baum. Wenn ich etwas über die Natur wissen will, nehme ich Kontakt mit Naturgeistern auf. Es ist sehr spannend mit unterschiedlichen Wesen wie Elfen, Naturgeister, Feen, Bäume, Pflanzen, Früchte, Obst, Wildtieren usw. Kontakt auf zu nehmen.

Schritt 1 : Gedanken ruhig stellen

Suche dir einen ruhigen Platz. Schalte dein Handy aus. Setze dich bequem hin, die Füsse fest auf den Boden gestellt. Schliesse deine Augen und atme tief durch. Entspanne dich und sei ganz ruhig. Nimm deine Gedanken die kommen an und lasse sie wieder los. Mach das bis du an nichts mehr denkst bzw. keine Gedanken mehr vorbei ziehen. Wenn das nicht klappt, dann versuche erstmal dich auf deine Atmung zu konzentrieren. Die ganze Energie die dich umgibt wird langsamer.

Du kannst das mehrmals täglich machen, denn nur wenn deine Gedanken und dein Geist ruhig sind, kannst du die anderen Lebewesen sprechen hören. Manchmal sind die Gedanken sehr schnell ruhig und manchmal geht es etwas länger. Wir sind es uns auch nicht gewohnt an nichts zu denken, daher ist Übung angesagt.

Schritt 2 : Erdung

Wenn deine Gedanken und deine Energie ruhig geworden sind, ist es wichtig dich zu erden.

Spüre deine Füsse auf dem Boden. Dann lässt du aus deinen Fusssohlen Wurzeln wachsen. Grosse, starke Wurzeln verankern sich im Boden unter deinen Füssen. Du spürst wie deine Wurzeln immer tiefer in die Erde wachsen. Du bist nun mit Mutter Erde verbunden. Ein Lichtstrahl kommt von oben und verbindet dich mit Vater Himmel. Die Verbindung findet an deinem Scheitelchakra statt. (Mitten auf deinem Kopf). Du spürst die Verbindung zwischen Vater Himmel und Mutter Erde.

Schritt 3 : Schutz und Führung

Da wir uns während einer Kommunikation öffnen, sollten wir uns auch gegen Fremdenergien schützen.
Stell dir vor, dass sich ein Schutzschild um dich herum bildet. Es ist wichtig, dass du dir das gut vorstellen kannst. Es kann zum Beispiel eine Lichtkugel sein, die dich schützt, oder eine Ritterrüstung. Dabei sind keine Grenzen gesetzt. Bitte nun um Schutz und Führung. Dann warte bis du dich wirklich sicher und geborgen fühlst.

Schritt 4 : Tiere spüren

Jetzt kannst du das Tier rufen oder es kommt bereits von alleine. Lass es zu dir kommen. Warte bis du es spürst. Es fühlt sich so an, als würde wirklich jemand vor/neben dir stehen. Möglich ist es auch, dass zum Beispiel eine Katze auf deinen Schoss kommt und du wirklich meinst eine sitzt da. Lass es einfach zu, so wie es kommt.

Schritt 5 : Senden

Nun frage das Tier, ob du mit ihm sprechen darfst und stelle dich kurz vor. Gehe mit dem Tier behutsam um. Spreche nicht gleich Probleme an, sondern frage zuerst wie es ihm geht oder spüre in das Tier hinein.

Schritt 6 : Empfangen

Wenn du eine Frage gestellt hast, lasse die
Antwort einfach zu. Umso mehr du es
willst, desto weniger bekommst du etwas.
Sei entspannt und frei von alltäglichen
Gedanken. Atme tief durch. Wenn du
nichts bekommst, dann versuche es später
wieder oder nimm Kontakt zu einem
anderen Tier auf.

Schritt 7 :
Bedanken/Verabschieden

Nach jedem Gespräche bedankst du dich
beim Tier und verabschiedest dich.
Bedanke dich auch dass dir Schutz und
Führung gegeben wurde. Komm ins Hier
und Jetzt zurück. Reck und streck dich.

Es gibt verschiedene Möglichkeiten sich auf
eine Kommunikation einzustimmen. Dies
ist nur eine davon. Im Kurs werden wir
weitere Möglichkeiten anwenden. Jeder
Mensch ist anders und muss für sich selber
heraus finden wie es für ihn am
einfachsten geht.

Weitere Möglichkeiten die innere Ruhe zu finden

Da meist das Problem darin liegt, die innere Ruhe zu finden, ist es von Vorteil sich immer wieder Zeit zu nehmen um kleine Meditationen zu machen. Bereits 5 Minuten am Tag können sehr hilfreich sein.

Wenn du auf den Zug/Bus oder in einem Wartezimmer warten musst, kannst du versuchen deine Energie um dich herum langsamer werden zu lassen. Auch deine Atmung wird langsamer und gleichmässig. Du konzentrierst dich ganz auf deine Atmung. Bist ganz entspannt.

Setze dich in die Natur und lausche. Wenn du merkst, dass du an die Arbeit denkst, lass es los und versuche den Kopf frei zu machen.

Es gibt diverse CD's mit schamanischen Trommeln. Wenn man diese hört, verlangsamt sich die Energie um einem herum. Auch sehr empfehlenswert.

Lass dir Zeit und setze dich nicht unter Druck, wenn die Gedanken immer wieder durch deinen Kopf schwirren. Was dann wichtig ist, dass du dich nicht daran nervst. Nimm den Gedanken an, schreibe ihn ev. auf und lass den Gedanken wieder los.

Es gibt auch eine Atemtechnik um den Gedanken loszulassen. Stell dich auf eine Wiese, spüre deine Füsse auf dem Boden. Spüre die Luft die deinen Körper umgibt. Nun puste mit jedem Atem deine Gedanken die dich belasten aus. Wiederhole das bis du ruhiger geworden bist. Du kannst auch die Gedanken durch deine Füsse in die Erde fliessen lassen, wie es für dich einfacher geht.

Eine andere Möglichkeit ist, dass du alle deine Gedanken in eine Büchse steckst mit dem Bewusstsein, dass du diese Gedanken im Moment nicht brauchst.

Erdung

Die Erdung ist sehr wichtig, denn wir wollen ja nicht abheben und den Boden unter den Füssen verlieren. Wer Schwierigkeiten mit der Erdung hat, das kann sich in Übelkeit und sturmer Kopf äussern, sollte die bereits genannte Übung mit den Wurzeln täglich machen.

Andere Hilfsmittel sind:

- Rosmarin-Öl an die Fusssohlen
- Rote Socken oder rote Unterhosen
- Bei jedem Schritt die Füsse spüren
- Heilsteine: versteinertes Holz, schwarzer Turmalin, Chrysokoll
- Roter Pomander an die Füsse sprühen
- Viel Barfuss laufen

Schutz und Führung

Wenn wir uns mit der Spiritualität befassen und öffnen, sind wir anfälliger für Lichtdiebe. Das heisst, dass uns Menschen Energie rauben. Diese Menschen machen dies ohne Absicht, jedoch geht es uns nach einem Treffen mit ihnen eher schlechter. Wir sind müde, gereizt oder sonst missmutig. Um dies zu verhindern sollten wir uns gegen diesen Diebstahl schützen. Um Führung zu bitten ist besonders wichtig, da uns dann auch Neues gezeigt wird oder an Wesen heran geführt werden, die wir nicht gerufen haben. So können wir uns auch weiterentwickeln und uns auf Neues einlassen.

Tiere spüren

Jedes Wesen trägt ein Energiefeld um sich herum. Dies können wir gut spüren.
Kennen sie das, sie stehen an der Kasse und merken wie jemand ganz nahe steht, ohne ihn gesehen zu haben. Das ist das Energiefeld (Aura).
Man kann auch Engel-, Geistwesen und Naturgeister so wahrnehmen.

Hier einige Übungen:

Du kannst bei einem Tier das Energiefeld abtasten. Gehe mit deiner Hand langsam auf das Tier zu. Auf einmal merkst du eine Art Wärme und spürst das Tier obwohl du es nicht berührst. Versuche die Grenze zu finden, wo das Energiefeld anfäng und aufhört. Mach es langsam und mit Gefühl, denn sonst kann es beim Tier zu Übelkeit kommen. Nicht länger als zwei Minuten. Dies kann auch bei Menschen ausprobiert bzw. geübt werden.

Übung

Schliesse die Augen und setze dich bequem hin. Nimm deine Hände und forme vor dir eine leuchtende Kugel. Taste sie genau ab. Wie gross ist sie? Du kannst sie grösser und wieder kleiner werden lassen. Dehne sie aus und ziehe die Energie wieder zurück. Du kannst die Kugel so gross machen wie du willst. Dann mach sie so gross wie einen Tennisball. Lass sie von deiner rechten Hand über den Arm gleiten bis auf die Schulter. Dann auf die linke Schulter, den Arm runter auf deine linke Hand. Lass dir Zeit dafür. Dann das Ganze wieder zurück.

Wenn das Senden und Empfangen nicht klappen

Dies kann verschiedene Ursachen haben:

- Unter Druck (Zeitdruck, muss das Gespräch machen, hohe Anforderungen vom Kunden oder sich selber)
- Tier hat momentan keine Zeit (z.b. Wird gerade gefüttert)
- Du zweifelst an deinen Fähigkeiten
- Du bist nicht in deiner Mitte (innere Ruhe)
- Du blockierst dich selbst
- Du bist abgelenkt
- Du bist müde
- Man hat nicht die gleiche Frequenz wie das Tier. Es kann vorkommen, dass man von einem Tier nichts bekommt und nichts versteht. Man kann das mit dem Radio vergleichen. Wenn man nicht den gleichen Kanal eingestellt hat, ist die Übertragung fehlerhaft oder es kommt nur ein Rauschen.

Zweifel und Ängste

Bilde ich mir das nur ein oder nehme ich dies wirklich wahr? Was sind meine Gedanken und was kommt vom Tier? Weshalb habe ich diese Antwort erhalten? Solche Fragen stellst du dir am Anfang bestimmt. Das ging auch mir so. Manchmal kommen diese Fragen auch später noch und verwirren komplett, lassen einem beinahe zum Verzweifeln bringen. Doch das beste Rezept ist Übung. Nur mit viel Übung kannst du den Unterschied erkennen ob etwas von dir kommt oder vom Tier. Du musst dir vertrauen, dass du richtig liegst. Vertraue vor allem deiner Intuition. Lass dich von einer Falschüberersetzung nicht runter ziehen, sondern siehe es als Ansporn dort weiter zu machen.

Wer Erfolg haben will, darf keine Angst haben Fehler zu machen!

Testfragen

Es gibt immer wieder Menschen die nicht an die Tierkommunikation glauben und uns testen wollen, um uns als Scharlatane und Betrüger zu bezeichnen. Lass dir daher von Freunden, Bekannten oder Fremden keine Test- oder Kontrollfragen stellen. Die funktionieren sowieso meistens nicht. Du brauchst es niemandem zu beweisen, nur du brauchst zu wissen, dass Tierkommunikation funktioniert.

Es gibt sogar solche, die Fragen beantwortet haben wollen von Tieren die es gar nicht gibt. Also erfunden wurden! Du wirst auch von erfundenen, nicht existierenden Tieren Antworten erhalten. Denn wenn die Leute sich dieses Tier ausdenken, erschaffen sie es mit ihren Gedanken. Lass dich auch hier nicht verwirren und vertraue deiner Intuition.

Vermisste Tiere

Bei vermissten Tieren ist die Fehlerquote am höchsten. Daher empfehle ich dies am Anfang zu unterlassen. Es gibt bereits einige Tierkommunikatoren/innen die keine vermissten Tiere mehr suchen. Es gibt verschiedene Ursachen weshalb ein Tier als vermisst gilt.

- Umzug (möchte an alten Wohnort zurück)
- Weglaufen (fühlt sich nicht mehr wohl bei diesen Leuten)
- Auszeit (möchte eine Zeit lang herum streunen und die Welt entdecken)
- Unfall
- Diebstahl/Entführung
- Krankheit (zieht sich zum Sterben zurück)
- Sturz aus dem Fenster/Balkon (orientierungslos)
- Besitzer muss etwas lernen!

Ich habe die Erfahrung gemacht, dass wenn ein Tier wirklich gefunden werden will, es sehr genau mit den Angaben ist und somit auch meist gefunden wird. Es kann jedoch sein, dass es in einem Schockzustand ist und nicht genau weiss wo es sich befindet. Die Ängste und Befürchtungen der Besitzer sind manchmal so stark, dass sich wie ein Schleier um das vermisste Tier bildet und man kaum noch an das Tier herankommt. Auch Fehlinformationen oder Verwechselungen sind hier sehr oft der Fall.

Hier gilt in jeden Fall Flyer aufzuhängen und die Nachbarn persönlich anzusprechen ob sie etwas gesehen oder gehört haben. Auch bei der zentralen Meldestelle unter www.tierschutz.ch ist ein Eintrag zu machen oder sogar eine polizeiliche Meldung je nach Tierart.

Gesundheit

Eine Tierkommunikation ersetzt keinen Tierarzt und man kann keine Diagnosen machen.

Wenn ein Tier im Moment keine Schmerzen hat kann es sein, dass man die Schmerzen, die das Tier sonst hat nicht spürt.
Eine Katze, die das Bein (Sehnen/Bänder) verletzt hatte, gab mir keine Schmerzen an. Die Besitzerin teilte mir dann am Telefon mit, dass die Katze vor ein paar Minuten eine Schmerztablette bekommen hatte.
Ein Hund, der das rechte Bein nicht mehr belastet hatte, gab mir die Schmerzen am linken Bein an. Da die einseitige Belastung das gesunde Bein überanstrengte, war dies auch schmerzhafter als das verletzte Bein.

Es kann auch sein, dass das Tier den Gesundheitszustand des Besitzers übernimmt.

Sterbebegleitung

Die Tiere können meist viel besser mit dem Tod umgehen als wir Menschen. Sie sehen es als natürlichen Prozess. Tiere die zu vermenschlicht werden, haben oft grössere Mühe sich vom Körper zu trennen (zu sterben). Die meisten wissen aber, dass nur die Hülle (der Körper) zurück bleibt und sie (die Seele) wieder nach Hause kann. Wenn ein Tier "nur" Schmerzen hat, heisst das nicht, dass es sterben möchte. Wenn ein krankes Tier jedoch den Körper nicht von alleine verlassen kann, kann ein Zeichen vereinbart werden. Somit weiss der Besitzer wann das Tier mit Hilfe des Tierarztes erlöst werden möchte. Die Tiere können oftmals planen wann sie sterben, so sterben sie teils gerne wenn der Besitzer in den Ferien oder nicht zu Hause ist. Denn wir Menschen haben die Veranlagung alles festzuhalten und dies kann für das Tier in diesem Prozess sehr anstrengend sein.

Verstorbene Tiere

Auch wenn ein geliebtes Tier verstorben ist, kann man es noch spüren. Ich spreche oft mit verstorbenen Tieren. Sie fühlen sich meist frei und glücklich. Sie begleiten uns manchmal auch weiterhin im Alltag und unterstützen uns.

Eine Katze von einer Kundin sagte, dass die Besitzerin ein Bild von ihr aufgestellt hat. Jedesmal wenn das Bild umfällt, sei sie es gewesen. Die Besitzerin fing an zu weinen und teilte mir mit, dass sie jeden Tag dieses Bild wieder aufstellen muss.

Als mein Kater Schnurrli den Körper verlassen hatte, spürte ich ihn noch mehrere Monate weiterhin um meine Beine streichen wenn ich Zähne putzte. So wie man auch die Katzentür weiterhin aufgehen hört ohne das Jemand herein kommt.

Als meine Rennmaus Whisky unsere Welt
verlassen hatte, teilte er mir folgendes mit:

"Geniesst den Augenblick und lasst los
wenn es Zeit ist!"

Die Vorgehensweise mit verstorbenen
Tieren zu sprechen ist dieselbe wie mit
noch lebenden Tieren. Man sollte jedoch
darauf achten, ob es mit uns sprechen
möchte. Es gibt Fragen die nicht
beantwortet werden oder man bekommt
keinen Kontakt. Dies kann verschiedene
Gründe haben.

- Es hat für das Tier keine Bedeutung
- Will nicht darüber sprechen
- Deine Angst, Trauer, Wut stehen dir im
Weg
- Du bist zu voreingenommen
- Du kannst es dir überhaupt nicht
vorstellen
- Antwort wurde bereits vorher gegeben
- Das Tier steht noch unter Schock
- Es ist für ein Gespräch noch zu früh

Nie wieder Probleme mit meinen Tieren!

Glaubst du, dass wenn du erst mit deinen Tieren sprechen kannst, du keine Probleme mehr mit ihnen hast? Sie immer Stubenrein sind? Keiner mehr Aggressiv ist? Nicht mehr über die Strasse gehen?
Falsch gedacht! Du wirst weiterhin Probleme mit deinen Tieren haben. Die Tierkommunikation hilft euch einander besser zu verstehen und gemeinsam nach Lösungen zu suchen. Du wirst sogar neue Probleme mit deinen Tieren haben. Denn einige wollen dann mit dir arbeiten oder dich fördern, weiterbringen oder ihre Meinung über etwas äussern. Dies kann sehr anstrengend sein. Ich habe momentan sieben Katzen und sieben verschiedene Meinungen, Ansichten und Wünsche. Es macht jedoch sehr viel Spass sich mit seinen Tiergefährten auszutauschen und von ihnen geführt und gefordert zu werden. Tierkommunikation erfüllt mein Leben.

Meditationen

Durch Meditation kann man sich selbst und sein Bewusstsein erfahren und zu einer erweiterten Perspektive gelangen. Heutzutage sollten wir die Reizüberflutung ausschalten, um Nervosität und innere Zerrissenheit zu überwinden.
Es ist wissenschaftlich erwiesen, dass Meditation harmonisierend auf die Körperfunktionen wirken und das vegetative Nervensystem unterstützt.

Es gibt sehr viele Meditationen und die ein oder andere ist dir sympathisch oder auch nicht. Du kannst dir auch selbst eine Meditation ausdenken und auf Reisen gehen. Zu kannst zum Beispiel in der Meditation an den Strand gehen und den Sand zwischen deinen Füssen spüren oder den Wellengang hören. Lass deiner Fantasie freien Lauf.

Tiermeditation

(ca. 20 - 30 Minuten)

Um sich in ein Tier zu versetzen

Spüre deine Füsse auf der Erde und deinen
Körper auf dem Stuhl. Schliesse deine
Augen. Atme tief ein und aus. Bei jedem
Ausatmen entspannt sich dein Körper mehr
und mehr. Deine Schultern werden ganz
locker. Lass alle körperlichen und mentalen
Anspannungen durch deine Füsse in die
Erde abfliessen. Wenn du dich während
der Übung verwirrt fühlst oder etwas dich
unterbricht, dann atme einfach langsam
und tief weiter.

Sei empfänglich und lass dich wie ein Kind
gänzlich in ein fühlendes Wahrnehmen und
Visualisieren hineintragen. Wähle ein Tier
oder lass eines vor deinem inneren Auge
entstehen, damit es dir hilft. Stell dir das
Tier deutlich vor und achte dabei auf seine
Körperbeschaffenheit. Finde etwas, was dir
zuvor nicht an ihm aufgefallen ist.

Erspüre die geistigen und spirituellen
Qualitäten des Tieres, seine Gedanken und

die Essenz seines Wesens.

Bemerke den Atem des Tieres und synchronisiere diesen mit deinem Atem. Atme im gleichen Rhythmus mit dem Tier ein und aus. Begebe dich langsam und sanft in das Tier hinein bis du ganz den Standpunkt des Tieres eingenommen hast. Du siehst die Dinge durch seine Augen, fühlst seine Füsse auf dem Boden.

Achte darauf wie sich seine einzelnen Körperteile und sein Körper jetzt insgesamt anfühlt – seine Beine, sein Kopf, die Haut oder sein Fell. Nimm sein Gewicht, seine Körpergrösse, Temperatur und äussere Körperbeschaffenheit wahr.

Bewege dich mit dem Tierkörper und achte darauf wie du dich darin fühlst und bewegst. Gehe als Tier zu seinem Lieblingsplatz. Was fühlst du hier? Was möchtest du tun? Was sind deine Interessen?

Verleihe durch Deinen Tierkörper deinen Gefühlen Ausdruck (z.b. Traurigkeit, Angst, Langeweile oder Freude). Wie machst du das?

Fühle, rieche, sehe, höre, berühre, schmecke und denke mit deinem Tierkörper; nimm dir für jede einzelne Facette Zeit.

Als Nächstes triffst du auf ein anderes Tier deiner Art und auf noch eines. Wie reagierst du darauf?

Nun gehst du auf Menschen zu. Wie fühlst du dich?

Wie nimmst du die Gedanken, Gefühle, Absichten und Handlungen von den Menschen wahr? Was für Gefühle hegst du in Bezug auf die Menschen? Stelle eine Frage oder versuche etwas, was du dir wünschst, von dem Menschen zu bekommen. Wie machst du das? Wirst du verstanden? Was tut dieser Mensch?

Wie unterscheidest du dich vom Menschen? Was ist dir am wichtigsten und welche Spiele liebst du am meisten?

Gehe alleine zu deinem Lieblingsplatz. Koste die volle Freude über deinen Tierkörper aus. Entspanne dich und ruhe dich aus, spiele und sei wachsam. Mache etwas als Tier, das dir so richtig Freude bereitet.

Nun werde dir wieder dein eigener Atem bewusst und gleite sanft und langsam aus der Tierform heraus in deine menschliche Gestalt. Du nimmst wieder deine ursprüngliche Position ein und schaust nun auf den Tierkörper. Werde dir bewusst wie du jetzt zu dem Tier stehst. Bedanke dich bei dem Tier und verabschiede dich.

Wenn du bereit bist, öffne die Augen und komme hierher zurück, schau dich um, strecke dich und lächle!

Chakrameditation
(ca. 15 - 20 Minuten)

Wurzelchakra	-	Rot
Sakralchakra	-	Orange
Solarplexus	-	Gelb
Herzchakra	-	Grün
Halschakra	-	Blau
Stirnchakra	-	Indigo
Scheitelchakra	-	Violett

Setze dich bequem auf einen Stuhl. Atme tief ein und aus. Entspanne dich und lasse alle Probleme los. Du fühlst dich locker, leicht und entspannt. Stelle dir vor, dass ein Lichtstrahl von oben dich mit der Farbe Rot einhüllt. Zuerst den Kopf, die Schultern, die Arme bis in die Fingerspitzen, die Brust, den Bauch, den Rücken, das Becken, die Beine bis in die Zehenspitzen. Die Farbe Rot füllt deinen ganzen Körper aus. Nun gib die Fremdenergien dorthin zurück wo sie hingehören und nimm deine Energie zurück, die du verloren hast.

Der Lichtstrahl umhüllt dich nun mit der Farbe Orange. Zuerst den Kopf, die Schultern, die Arme bis in die Fingerspitzen, die Brust, den Bauch, den Rücken, das Becken, die Beine bis in die Zehenspitzen. Die Farbe Orange füllt deinen ganzen Körper aus. Nun gib die Fremdenergien dorthin zurück wo sie hingehören und nimm deine Energie zurück, die du verloren hast.

Der Lichtstrahl umhüllt dich nun mit der Farbe Gelb. Zuerst den Kopf, die Schultern, die Arme bis in die Fingerspitzen, die Brust, den Bauch, den Rücken, das Becken, die Beine bis in die Zehenspitzen. Die Farbe Gelb füllt deinen ganzen Körper aus. Nun gib die Fremdenergien dort hin zurück wo sie hingehören und nimm deine Energie zurück, die du verloren hast.

Der Lichtstrahl umhüllt dich nun mit der Farbe Grün. Zuerst den Kopf, die Schultern, die Arme bis in die Fingerspitzen, die Brust, den Bauch, den Rücken, das Becken, die Beine bis in die Zehenspitzen. Die Farbe

Grün füllt deinen ganzen Körper aus. Nun gib die Fremdenergien dorthin zurück wo sie hingehören und nimm deine Energie zurück, die du verloren hast.

Der Lichtstrahl umhüllt dich nun mit der Farbe Blau. Zuerst den Kopf, die Schultern, die Arme bis in die Fingerspitzen, die Brust, den Bauch, den Rücken, das Becken, die Beine bis in die Zehenspitzen. Die Farbe Blau füllt deinen ganzen Körper aus. Nun gib die Fremdenergien dorthin zurück wo sie hingehören und nimm deine Energie zurück, die du verloren hast.

Der Lichtstrahl umhüllt dich nun mit der Farbe Indigo . Zuerst den Kopf, die Schultern, die Arme bis in die Fingerspitzen, die Brust, den Bauch, den Rücken, das Becken, die Beine bis in die Zehenspitzen. Die Farbe Indigo füllt deinen ganzen Körper aus. Nun gib die Fremdenergien dorthin zurück wo sie hingehören und nimm deine Energie zurück, die du verloren hast.

Der Lichtstrahl umhüllt dich nun mit der Farbe Violett. Zuerst den Kopf, die

Schultern, die Arme bis in die
Fingerspitzen, die Brust, den Bauch, den
Rücken, das Becken, die Beine bis in die
Zehenspitzen. Die Farbe Violett füllt deinen
ganzen Körper aus. Nun gib die
Fremdenergien dorthin zurück wo sie
hingehören und nimm deine Energie
zurück, die du verloren hast.

Der Lichtstrahl umhüllt dich nun mit der
Farbe Weiss. Zuerst den Kopf, die
Schultern, die Arme bis in die
Fingerspitzen, die Brust, den Bauch, den
Rücken, das Becken, die Beine bis in die
Zehenspitzen. Die Farbe Weiss füllt deinen
ganzen Körper aus. Nun gib die
Fremdenergien dorthin zurück wo sie
hingehören und nimm deine Energie
zurück, die du verloren hast.

Du bist nun mit all diesen Farben umhüllt
und fühlst dich entspannt, frisch und rein.
Recke und strecke dich, öffne deine Augen
und sei frisch und wach.

Reinigungsmeditation
(ca. 15 - 20 Minuten)

Spüre deine Füsse auf der Erde und deinen
Körper auf dem Stuhl. Schliesse deine
Augen. Atme tief ein und aus. Bei jedem
Ausatmen entspannt sich dein Körper mehr
und mehr. Deine Schultern werden ganz
locker. Lass alle körperlichen und mentalen
Anspannungen los. Wenn du dich während
der Übung verwirrt fühlst oder abgelenkt
wirst, dann atme einfach langsam und tief
weiter.
Stelle dir einen grossen Wasserfall vor. Du
spürst die Kraft des Wassers. Bemerke die
Höhe des Wasserfalls und schaue dich
etwas um. Nun begibst du dich in das
Wasserbecken wo das Wasser hinein fällt.
Die Temperatur ist genau richtig und du
fühlst dich richtig wohl. Schwimme unter
den Wasserfall. Merke wie das Wasser
über deinen Körper fliesst. Jeder Tropfen
reinigt deinen Körper und deine Seele.
Bleib darunter stehen bis du das Gefühl
hast, ganz rein und sauber zu sein.

Schwimme ans Ufer zurück. Bedanke dich beim Wasserfall für die Reinigung. Komme nun in dein Bewusstsein zurück, recke und strecke dich, öffne deine Augen und sei frisch und wach.

Selbstwertgefühl – Ich kann!
(ca. 10 - 15 Minuten)

Mache es dir bequem und entspanne dich. Schließe die Augen und sei ganz still. Lasse die Außenwelt los und richte deine Aufmerksamkeit nach innen. Beobachte deinen Atem. Nichts verändern, einfach nur beobachten. Während du deinen Atem beobachtest, lasse ihn behutsam tiefer werden. Spüre wie sich die Muskulatur löst, wie der Atem freier fließt. Während du ruhig und gleichmäßig atmest, mache dir bewusst, wo du bist.
"Ich bin hier, auf meinem Stuhl, in meinem Körper. Ich bin ganz bewusst hier und ich bin gerne hier. Ich fühle mich wohl und komme zu der Erkenntnis: Je mehr ich mich liebe und akzeptiere, desto wertvoller fühle ich mich. Ein gesundes

Selbstwertgefühl ist etwas sehr Wohltuendes. Es bewirkt, dass ich offen für positive Entwicklungen bin und Chancen erkenne, die ich früher gar nicht wahrgenommen habe. Es bewirkt, dass mein Leben sich in neuen, interessanten Bahnen bewegt. Ich gehe über das hinaus, was ich bislang für möglich hielt. Ich fühle mich wertvoll genug, um die Gesamtheit meiner Möglichkeiten ins Auge zu fassen. Dadurch wird mein Leben plötzlich sehr aufregend. Ich erkenne, dass es mein Recht ist, mein Leben so zu leben, wie ich es gerne möchte. Mag sein, dass ich dafür einiges ändern und ein paar alte Glaubenssätze über Bord werfen muss, aber ich kann es! JA! Ich bin ein wertvoller Mensch. Ich verdiene ALLES GUTE! "

Mit dieser Erkenntnis machst du dir noch einmal die Ruhe bewusst, in der Mitte deines Seins. Dann löse dich wieder aus der Situation und kehre zurück an die Oberfläche des Seins, zurück ins Hier und Jetzt. Wann immer du bereit bist, öffne die Augen und sei wieder ganz bewusst im Hier und Jetzt.

Fragebogen 1

Dies gilt bei jedem Gespräch:
Werde ruhig, höre gut zu, sei empfänglich für jegliche Bilder, Gefühle oder Wahrnehmungen, die dir das Tier vermitteln will. Nimm dir Zeit.
Wenn ihr beide bereit seid, stelle einige oder alle der untenstehenden Fragen. Du brauchst nicht auf alle Fragen eine Antwort zu erhalten. Schreibe auf jeden Fall alle Antworten auf, die du bekommst, egal in welcher Form sie dich erreichen.

1. Was lehrst du mich? Was kann ich von dir lernen?
2. Was gefällt dir daran ein (Tierart) zu sein?
3. Was machst du am liebsten?
4. Was ist dein Lieblingsessen?
5. Wer sind deine Freunde?
6. Was gefällt dir an deiner Umgebung?
7. Gibt es etwas was du an deiner gegenwärtigen Situation ändern möchtest?
8. Gibt es etwas, das du lieber tätest?

9. Hast du irgendwelche körperliche Gebrechen?

10. Was ist deine Ansicht von uns Menschen?

11. Von mir?

12. Was ist deine Bestimmung im Leben?

13. Wovon träumst du?

14. Was kannst du mir über deine Zukunft erzählen?

15. Deine Gegenwart?

16. Was siehst du als meine Bestimmung?

17. Was habe ich über dich nicht verstanden?

18. Wie kann ich meine Kommunikation mit Tieren verbessern?

19. Kann ich dir in irgendeiner Weise helfen?

20. Willst du mir noch etwas sagen?

DANKE!

Fragebogen 2

1. Wie geht es dir?
2. Was gefällt dir an deiner Umgebung?
3. Was würdest du gerne daran ändern?
4. Bist du gesund oder hast du Schmerzen?
5. Wie findest du dein Futter?
6. Wer ist dein bester Freund?
7. Was macht dir am meisten Freude in deinem Leben?
8. Was denkst du über deinen Menschen?
9. Was ist deine Lebensaufgabe?
10. Was verbindet dich und dein Mensch?
11. Was würdest du deinem Menschen für die Zukunft raten?
12. Willst du deinem Menschen noch etwas sagen?

Tierworte

Ich fragte eine Katze weshalb sie so oft im
Wald ist.
Ihre Antwort:
Weisst du eigentlich wie sich das Moos
anfühlt?
Am Morgen, wenn das Moos noch kalt ist?
Oder am Nachmittag, wenn das Moos von der
Sonne gewärmt wurde?
Weisst du eigentlich wie das Moos dann
riecht?
Weisst du eigentlich wie der Morgentau auf
der Zunge schmeckt?
All diese Sachen zu erleben macht mich
glücklich.
Komm doch auch mal mit und lasse dich von
der Natur verzaubern!

Häxli

Lass los von deinem Gut,
denn die wahren Schätze trägst du im Herzen.

In Liebe dein Tobi

Schlusswort

Vielen Dank, dass du dieses Büchlein erworben hast. Es gibt unzählige Tierkommunikationsbücher und jeder macht es wieder etwas anders. Ich hoffe, dass du mit dieser Lektüre etwas weiter kommst und üben kannst.

Ich würde mich natürlich sehr freuen, dich in einem meiner Kurse persönlich kennen zu lernen. Die Kursdaten findest du auf meiner Homepage www.tierwuensche.ch . Bei Fragen oder Unklarheiten kannst du mir auch ein Mail schreiben, ich werde dir dann baldmöglichst antworten.

Ich wünsche dir viel Spass beim üben und denke daran:

Es ist noch kein Meister vom Himmel gefallen ;-)

Bis bald

Nicole Koch-Steiner